Weltfrieden

Bertha Sophia Felicita von Suttner, geborene Gräfin Kinsky von Wchinitz und Tettau, war eine österreichische Pazifistin, Friedensforscherin und Schriftstellerin. Sie wurde 1905 als erste Frau mit dem Friedensnobelpreis ausgezeichnet.

Über das Buch:

Weltfrieden ist das Ziel, aber es ist nicht die Herausforderung. Die Herausforderung besteht darin, eine neue Weltordnung zu schaffen, in der Krieg nicht mehr notwendig ist und keinen Sinn mehr macht. Die Aufgabe der Frauen besteht darin, für dieses Ziel zu kämpfen und sich gegen den internationalen Kriegsdienst zur Wehr zu setzen. Ein Manifest für den totalen globalen Weltfrieden, der sich zu lesen lohnt!

WELTFRIEDEN

Vom Standpunkt einer Frau aus betrachtet

Von
Bertha von Suttner

Neu-Übersetzung aus dem
Amerikanischen 2022

ToppBook Wissen Bd. 58

Bibliografische Information der Deutschen Nationalbibliothek:
Die Deutsche Nationalbibliothek verzeichnet diese Publikation in
der Deutschen Nationalbibliografie; detaillierte bibliografische
Daten sind im Internet über dnb.dnb.de abrufbar

Neuübersetzung aus dem Amerikanischen 2022

Herstellung und Verlag: BoD – Books on Demand, Norderstedt
ISBN: 978-3-7568-5213-0

Weltfrieden

Ich bin gebeten worden, für die Zeitung einen Beitrag mit dem oben genannten Titel zu schreiben. Das Thema Weltfrieden beschäftigt mein Denken und Handeln so sehr, und die Gelegenheit, mich an einen amerikanischen Leserkreis zu wenden, ist mir so willkommen, dass ich dem Wunsch des Herausgebers gerne nachgekommen bin, obwohl ich sicher einen anderen Titel gewählt hätte. Denn obwohl es selbstverständlich ist, dass alles, was eine Frau schreibt, vom Standpunkt der Frau aus geschrieben werden muss, entspricht es nicht meinen Grundsätzen, das Problem von Krieg und Frieden ausschließlich oder sogar hauptsächlich in seinen Beziehungen zu den Gefühlen und dem Leben der Frauen zu behandeln. Solche Beziehungen bestehen zweifellos, und es wird dem Fortschritt der Friedensbewegung sehr dienlich sein, wenn die Frauen als solche sich gegen die den Müttern verhaßte Institution wenden, und wenn die Frauenvereine (wie es täglich häufiger geschieht) die Fragen des Friedens und der Schlichtung auf die Tagesordnung ihrer Versammlungen setzen. Ich glaube aber, dass immer mehr Frauen, die über dieses wichtige Thema nachdenken, den spezifisch weiblichen Standpunkt verlassen werden, um dieses so eminent universelle Anliegen der Menschheit von einem allgemeineren Gesichtspunkt aus zu beurteilen. Es ist nur zu natürlich, dass die Frauen den Krieg hassen, der ihnen den Halt und die Freuden ihrer Existenz raubt, und gerade deshalb hat dieser Hass bis heute nichts zum Kampf gegen den Krieg beigetragen; Im Gegenteil, nur solche Frauen, die über ihre natürliche Abscheu triumphieren konnten, die, ihren eigenen Kummer beiseite schiebend, zum Krieg anstiften oder sogar selbst kriegerische Taten vollbringen konnten, nur solche Frauen wurden von der Geschichte hervorgehoben;

nur diese wurden gepriesen, weil sie, ihren Egoismus überwindend, ihre Pflicht durch mutige Opfertaten erfüllt hatten.

Frauen, die schreien: "Der Krieg muss aufhören, weil wir unter ihm leiden, weil wir durch ihn unsere Liebsten verlieren können", diese standen, solange der Krieg als natürlich und dem Vaterlande dienlich angesehen wurde, gewiss moralisch niedriger als jene, die sagten: "Was kümmert uns unser Elend, das Gemeinwohl steht an erster Stelle", oder diejenigen, die ihren Söhnen rieten: "Kehre siegreich oder tot nach Hause zurück."

Jede Opposition, die aus Partikular-interessen erwächst, sei es das Interesse des Standes, der Klasse oder des Geschlechts, hat keinen ethischen Grund und daher auch keine ethische Wirksamkeit. Der große Einfluss, den die Frauen heute auf Fragen des sozialen Fortschritts auszuüben beginnen, rührt von der Tatsache her, dass sie aus ihrer begrenzten Sphäre des Geschlechts herausgetreten sind und gelernt haben, diese

Fragen nach ihrer Bedeutung für die allgemeine Menschheit zu beurteilen. Die Frau, die fähig war, sich für den Krieg zu begeistern und ihm freudig die Befürworter ihres Heims und ihrer geliebten Söhne zu opfern, stand gewiss höher als diejenige, der es an solchen Opferfähigkeiten mangelte; aber auf einer weit höheren Stufe steht die Frau, die sich dem Krieg widersetzt, nicht weil er ihr Heim bedroht, sondern weil sie begriffen hat, dass er ein Übel für die ganze menschliche Rasse ist. Nicht weil sie Töchter, Ehefrauen und Mütter sind, wollen die modernen Frauen die Institution Krieg untergraben, sondern sie tun es, weil sie der rationale Teil einer rational werdenden Menschheit sind und begreifen, dass der Krieg ein Hemmnis für die Entwicklung der Kultur darstellt und dass er unter jedem Gesichtspunkt - dem moralischen und dem wirtschaftlichen, dem religiösen und dem philosophischen - schädlich ist und verurteilt werden muss. Nur die Neue Frau wird sich erfolgreich für die Abschaffung des

Krieges einsetzen. Die Frau von gestern hat trotz vereinzelter Klagen und Warnungen das Gegenteil getan: sie hat still oder laut zum Krieg angestiftet - still durch die Bewunderung, die sie für das Heldentum hegte, und die Freude, die sie an den Uniformen fand; laut durch die direkte Aufforderung zum Kampf.

Die folgende Episode wurde mir erzählt. Es war vor dem polnischen Aufstand, im Jahre 1863. Im Haus einer aristokratischen Dame war die Elite der Warschauer Gesellschaft zum Abendessen eingeladen. Nach dem Essen unterhielten sich die Herren im Rauchzimmer über die politische Lage. Unter den Anwesenden befanden sich auch die Anführer des anschließenden Aufstandes. Es wurde ernsthaft die Frage diskutiert, ob es möglich sei, eine Aufstandsbewegung mit Aussicht auf Erfolg zu beginnen. Man kam zu dem Schluss, dass eine solche Bewegung unter den gegebenen Umständen hoffnungslos sei und nur zu blutigen Massakern und größerer Härte statt zu Befreiung führen würde, und alle waren sich einig, dass die Pläne für einen Aufstand zumindest vorläufig aufgegeben werden müssten. Bei der Rückkehr in den Salon sollte den Damen nichts von diesem Entschluss gesagt werden, denn es würde sicher ihr Missfallen erregen. Einer der Herren hielt sich jedoch nicht an diesen Vorsatz. Er lüftete das Geheimnis. "Das ist doch nicht möglich!", riefen die Frauen im Chor. "Das kann nur ein Scherz sein - kein Pole ist zu einer solchen Feigheit fähig! Wer könnte etwas so Schändliches vorschlagen?" "Natürlich war es nur ein Scherz", stimmten die anderen zu, denen die Verachtung der Frauen unerträglich gewesen wäre, und am nächsten Tag wurde die Revolution, die so unglücklich für Polen ausging, von denselben Männern in Gang gesetzt, die unter sich beschlossen hatten, keinen Aufstand zu wagen, die es aber nicht ertragen konnten, ihren Frauen zu missfallen.

Man darf annehmen, dass unter den vielen Motiven, die in Zukunft gegen

Militarismus und Krieg wirken werden, das folgende starke Motiv zu finden sein wird: die Veränderung in der Gunst der Frauen. Wenn einmal den Männern für die Heldentaten des Friedens ein höherer Liebeslohn zuteil wird als für die des Krieges, wenn sie wissen, dass sie die Bewunderung der besten Frauen nur verdienen, wenn sie sich für die neuen Ideale der Gerechtigkeit einsetzen, und im Gegenteil die Abscheu der edlen Frauen erregen, wenn sie das System der Gewalt unterstützen, dann wird eines der stärksten Motive überwunden sein, die jetzt die jungen Männer in den Waffenberuf treiben. Der wahre und wichtigste Zusammenhang zwischen der Frauenfrage und der Friedensfrage ist folgender: Die Verwirklichung der Friedensideale setzt voraus, dass sich die gesamte Menschheit auf eine höhere Stufe erhebt als die, auf der sie jetzt in überwältigender Mehrheit steht. Damit das Element der Gewalt und der Unterdrückung, das die Geschichte der Gesellschaft in der Vergangenheit und in der

Gegenwart beherrscht, dem Element des Rechts und der Freiheit weichen kann, muss sich ein höherer Menschentypus entwickeln. Wir sind heute Zeugen dieser Entwicklung. Sie zeigt sich jedoch nicht nur in einem Bereich, sondern in vielen gleichzeitig, und besonders stark im Bereich der Frauenbewegung. Zur Verwirklichung des Ideals, auf das sich die modernen Bestrebungen zubewegen, ist die ungehinderte Entfaltung aller geistigen Keime in der gesamten menschlichen Rasse erforderlich. Keine der Gaben, die allen gemeinsam sind, darf wegen vermeintlicher Ungeeignetheit für die Rasse, die Klasse oder gar das Geschlecht unterdrückt werden; und die Tugenden, deren größere Verbreitung den neuen Typus kennzeichnen soll, dürfen nicht mehr in zwei Hälften geteilt werden: Sanftmut und Mäßigung auf der weiblichen, Mut und intellektuelle Kraft auf der männlichen Seite.

Nein, jeder Mensch wird diese Tugenden aufweisen müssen, ganz gleich, welchem

Geschlecht er angehören mag. So wie es heute viele gemeinsame Eigenschaften gibt, ohne die weder Frau noch Mann Anspruch auf Wertschätzung erheben können, wie Ehrlichkeit, Sauberkeit, Fleiß, Wahrheitsliebe, Pflichtbewusstsein, so verlangt das neue Ideal der Vollkommenheit von allen Menschen gleichzeitig alle menschlichen Tugenden. Mit der Abschaffung anderer Privilegien müssen auch die des Verbrechens aufhören, und der Mensch soll sich nicht mehr seiner Exzesse rühmen. Der Mut, jene vorbildliche Tugend, zuerst des Löwen, dann des Wilden, dann des Helden, zuletzt des stets kampfbereiten Soldaten, muss seinen Heiligenschein verlieren und darf nicht nur von Männern bis zur Verachtung des Lebens geübt werden, sondern wird in Stunden der Gefahr, in den schwierigen Lagen des Lebens in gleichem Maße von der vollkommenen menschlichen Frau gefordert werden. Die Ethnie wird nicht allein der Sorge des Weibes überlassen sein, sondern jeder vollkommene Mensch muß es verschmähen, ohne Liebe oder in verräterischer Untreue Sklave der Sinnenlust zu sein. So wird es durch das Fallen der Fesseln, die das eine Geschlecht so lange getragen hat, geschehen, daß nicht es allein, sondern auch das andere zu einer höheren Menschenwürde aufsteigen wird. Es wird genau das Gegenteil von dem eintreten, was die Gegner der Emanzipation der Frau befürchten: die Frau wird keine groben männlichen Fehler annehmen, der Mann wird nicht in weibliche Verweichlichung versinken, sondern beide zusammen, unter ihnen die Besten, Stärksten und Intelligentesten, werden Vorbilder einer edleren Ethnie bilden.

Es ist unvorstellbar, dass eine höher entwickelte, kultivierte Menschheit, in der beide Geschlechter gleichberechtigt an den Entscheidungen der Gesellschaft teilhaben, die Institutionen des Krieges aufrechterhalten sollte. Ein gewisses Maß an Mitgefühl, an sensibler Abscheu vor allem Harten und Grausamen, mit einem Wort:

an edler Menschlichkeit, muss in der kultivierten Gemeinschaft vorhanden sein. Die Männer trösten sich mit dem Gedanken, dass diese für das Bestehen und die Würde der Gesellschaft so notwendigen Eigenschaften vom weiblichen Geschlecht geliefert werden, und behalten ihr Recht auf Härte und Rauheit, ein Recht, das

im Krieg am freiesten wirksam ist. Aber muss die Frau, wenn sie sich auf die gleiche Stufe erhebt, auch Soldatin werden, und soll sie die Tugenden ablegen, die mit dem Beruf der Waffen nicht vereinbar sind? Soll alle Sanftmut aus der Welt verschwinden? Das ist unmöglich. Deshalb muss die Frau auf die Gleichberechtigung verzichten. Das wird sie nie tun; viel einfacher ist es für den Mann, auf den Waffenberuf zu verzichten. Die völlige Abscheulichkeit des zügellosen, groben Verhaltens, das beim männlichen Geschlecht als erlaubt und gelegentlich als recht lustvoll durchgeht, wie Trinken, Raufen und Ausschweifungen - die völlige Abscheulichkeit dieses Verhaltens wird deutlich sichtbar, wenn man sich eine Frau vorstellt, die sich zu solchem Verhalten hinreißen lässt. Andererseits gelten viele Charakterschwächen bei Männern als verachtenswert und bei Frauen als entschuldbar, wenn nicht gar als reizvoll - wie Feigheit, Willensschwäche und Gedankenlosigkeit. Wenn nun die Frau diese "reizenden" Fehler ablegt, wenn sie Energie und Selbstvertrauen zeigt, loben die einen zwar ihren männlichen Charakter, die anderen aber äußern sogleich die Befürchtung, dass mit der Ablegung der weiblichen Fehler auch die weiblichen Tugenden in den Hintergrund treten werden. Aber das ist nicht der Fall: beide Geschlechter müssen die Fehler ablegen, die die Menschheit entehren, und die Tugenden üben, die sie veredeln.

Und nun, nachdem ich mich dagegen verwahrt habe, dass man mir unterstellt, meine Ansichten entstünden von einem spezifisch weiblichen Standpunkt aus, werde ich sagen, was ich über den Weltfrieden denke; aber zuerst möchte ich ein

Bild des Weltkrieges geben, wie ich ihn sehe[1], und zwar von dem Krieg der Zukunft, der so lange prophezeit und so prächtig vorbereitet wurde.

Ein Krieg, an dem alle großen Militärstaaten Europas teilnehmen würden, würde alle bisherigen Schrecken in demselben Maße übertreffen, wie die heutigen und die noch zu erfindenden Vernichtungswaffen die Keule übertreffen, mit der Kain seinen Bruder erschlagen haben mag. In einem solchen Krieg würde ein Ausmaß an Mord, Zerstörung und Grausamkeit enthalten sein, wie es in hundert Schlachten des Altertums nicht der Fall war. Der Fortschritt hat nicht nur die Zerstörungskraft um das Tausendfache erhöht, sondern auch das, was zerstört werden soll, ist tausendmal wertvoller geworden, und deshalb wäre der Schaden verhältnismäßig größer.

Die beschleunigte, unabsehbare Vervollkommnung und Vermehrung, die zu

---

[1]   Siehe mein "Maschinenzeitalter". III. Auflage. Pierson's Verlag.

kolossalen Dimensionen angewachsene technische Entwicklung, die zu so fabelhaften Resultaten führt, wenn sie auf die Vermehrung des Eigentums und des Glücks gerichtet ist, zu welch ebenso gigantischen Resultaten des Elends müssen diese nicht führen, wenn sie auf das Prinzip der Zerstörung des Eigentums, des Glücks und des Lebens angewandt wird: Millionen von Kämpfern stürzen aufeinander, und der Kampf beginnt in immer größerer Entfernung. Statt des Speers, der nur eine kurze Strecke flog, statt des späteren Geschosses, das den Feind auf wenige hundert Schritte traf, pfeifen jetzt die todbringenden Bomben in meilenweiter Entfernung durch den Raum; lange bevor die beiden Kombattanten einander sehen können, überzieht die Vorhut das Feld. Doch wann und wie wird sich die Entscheidung vollziehen? "Bis die eine oder andere Seite so geschwächt ist, dass sie den Kampf aufgibt." Das war in früheren Zeiten die Antwort auf diese Frage. Jetzt wüten beide Seiten mit gleicher Kraft. Die

Schwächung geht gleich schnell. Hundert-
tausende sind gefallen, aber neue Hundert-
tausende rücken vor, und die Entscheidung
ist keinen Schritt näher gerückt. Ein be-
siegtes, fliegendes Heer? Das gibt es nicht
mehr, denn nicht mehr bloße Heere werden
ausgesandt, sondern ganze Völker. Sie
kämpfen miteinander um einen Streifen
Land; aber inzwischen ist das ganze Land
auf beiden Seiten verwüstet, entvölkert und
verwüstet. Alle Ernten sind zertreten, alle
Arbeit eingestellt, alle Herde verwüstet; ein
Schmerzensschrei von Grenze zu Grenze,
und doch keine Entscheidung. Jedes Dorf ein
Aschehaufen, jedes Feld ein Friedhof, und
doch tobt der Kampf weiter; unter den
Wellen des Meeres schießen die Torpedo-
boote, um mächtige Dampfer zu versenken;
in den Wolken steigen bewaffnete und be-
mannte Luftballons gegen eine andere
aëronautische Kraft auf, und aus der Höhe
von tausend Fuß regnen verstümmelte
Krieger in blutenden Trümmern herab;
Minen werden gesprengt und Brücken mit

ihrer Last von Menschen, Pferden und Wagen in die Wellen geschleudert; Pulvermagazine fliegen in die Luft; lange Reihen von Zügen entgleisen; Krankenhäuser brennen; und noch ist es nicht entschieden. Heer, Reserve, Miliz - Alte, Kinder, Frauen - einer nach dem anderen wird abgeschlachtet; was noch lebt, wird Opfer des Hungers, der unfehlbaren Pestilenz, und der Krieg ist vorbei. Aber es ist nicht entschieden. Das ungeheure Ausmaß des bevorstehenden Krieges - ein Ausmaß, das sich mit mathematischer Sicherheit aufgrund der gegenwärtig ständig wachsenden Zahl von Kämpfern und der Waffentechnik bestimmen lässt - könnte eine gewisse Bewunderung und Genugtuung hervorrufen, wenn die Liebe zum und die Wut auf den Kampf im Verhältnis zu seinen Mitteln zugenommen hätte; wenn der Wert des menschlichen Lebens in der Wertschätzung des Einzelnen in gleichem Maße gesunken wäre wie in den materiellen Berechnungen der Verwalter der Armeen; wenn schließlich der Gewinn des Krieges ebenso sehr gestiegen wäre wie die unvermeidlichen Verluste. Aber das Gegenteil von all dem ist der Fall. Der Hass und die Liebe zum Kampf machen der Zivilisation Platz, die sanfter wird und sich immer weiter ausbreitet; der Wert des Lebens steigt mit den Verschönerungen und Erleichterungen, die der täglich fortschreitende Fortschritt mit sich bringt; und schließlich, was die Vorteile des endgültigen Sieges betrifft, ein Streifen Land oder ein Haufen Festungssteine oder der absolut illusorische "Ruhm" - diese Dinge, die weder bereichern noch glücklich machen können, sinken in einem immer größeren Missverhältnis zu den bis ins Äußerste wachsenden Opfern, die sie notwendig machen.

So viel zum bevorstehenden (oder hoffentlich nicht bevorstehenden) Krieg. Was den Weltfrieden anbelangt, der vielleicht gar nicht mehr so weit entfernt ist - zur Zeit findet eine Konferenz in diesem Namen statt, die vom mächtigsten

Militärherrscher der Welt einberufen wurde -, so ist man sich über seine Grundlagen und Ziele keineswegs im Klaren. Die meisten Menschen glauben, dass die Mitglieder der Friedensgesellschaften sich unter dem Namen des Weltfriedens eine Kondition allgemeiner Harmonie vorstellen, eine Welt ohne Kämpfe und Trennungen, mit unbestrittenen Grenzen, die für alle Zeiten festgelegt sind, und bewohnt von engelhaften Wesen, die von Sanftmut und Liebe überfließen. Es ist eine alte Gewohnheit der Feinde einer Bewegung, sie in einem falschen Licht darzustellen, ihr Absurditäten zu unterstellen, die sie nie behauptet hat, und sie dann mit billigem Sarkasmus und offensichtlichen Widerlegungen anzugreifen. So auch hier. Die Freunde des Friedens wollen ihr Reich nicht auf Unmöglichkeiten gründen, auch nicht auf Bedingungen, die vielleicht erst in Tausenden von Jahren herrschen, sondern auf die lebendige Gegenwart und die lebendige Menschheit. Nicht die Vermeidung aller

Streitigkeiten wird gefordert - das ist unmöglich -, sondern dass die Streitigkeiten fortan durch Schlichtung und nicht mehr wie bisher mit Gewalt beigelegt werden sollen. Diese Kulturstufe haben die Individuen der organisierten Staaten bereits erreicht: daß sie auch von den Staaten selbst in ihren Beziehungen zueinander erreicht werden soll, ist Ziel und Zweck der ganzen Friedensbewegung. Dadurch würde sicherlich ein Recht verloren gehen - ein Recht, das zwar den stolzen Namen der Souveränität trägt, in Wahrheit aber ein großes Unrecht ist: das Recht eines Staates, einen anderen anzugreifen. Wenn aber zehn Personen untereinander vereinbaren, von gegenseitigen Angriffen abzusehen, so tauscht jeder ein Zehntel seiner verlorenen Chance auf Plünderung gegen neun Zehntel garantierter Sicherheit. Die Unveränderlichkeit bestehender Grenzen und sozialer Arrangements wird ebenso wenig gefordert wie die Vermeidung von Streitigkeiten. Denn auch dies würde der Natur widersprechen. Der Eigensinn, der den stolzen Titel Konservatismus trägt, der sich allen natürlichen Veränderungen und Verschiebungen widersetzt, ist selbst die Ursache jeder gewaltsamen Revolte. Wie im Privatleben wird der Besitz des Einzelnen durch ein zivilisiertes Gemeinwesen vor Raub geschützt, aber der Besitz ist nicht für alle Zeiten garantiert, und die Armen werden nicht daran gehindert, Besitz zu erlangen. Reiche und arme Familien wachsen oder sterben aus, nehmen an Vermögen zu oder ab; es bilden sich neue Gruppen, die durch natürliche Auslese zusammengezogen werden; eine wachsende Bevölkerung muss die Grenzen überschreiten; Staatsformen, die einer niedrigeren Kulturstufe angehören, müssen von der Zivilisation der kulturell Höherstehenden verdrängt werden. Elastizität ist die einzige Eigenschaft, die eine friedliche Dauer oder einen schmerzlosen und unmerklichen Übergang von einer Form zur anderen gewährleistet. Daran sollte sich die Welt erinnern, nachdem sie nun das Gesetz der Evolution kennengelernt hat und weiß, dass alles Leben und jede Entwicklung das Werk der Anpassung ist.

Aber die Betrachtung von Krieg und Frieden von einem allgemeinen Standpunkt aus ist das, was Philosophen und Politiker seit den frühesten Zeiten getan haben. Die Ausarbeitung von Plänen und Vorschlägen, durch die der herrschende Kriegszustand durch die Schaffung einer internationalen Gerechtigkeit ersetzt werden kann, ist eine Arbeit, die seit zehn Jahren von den verschiedenen Gruppen der Friedensliga und der interparlamentarischen

Gewerkschaft systematisch betrieben wird. Es gibt bereits eine ganze Literatur zu diesem Thema, und durch die Lektüre von Dr. Evan Darbys "International Tribunal"[2] und Dr. Benjamin Truebloods kürzlich erschienenem Werk "The Federation of the World"[3] kann man sich ein vollständiges Bild von den idealen und praktischen Zielen

---

2   Londoner Friedensgesellschaft, 47 New Broad Street.

3   Boston und New York, Houghton, Mifflin & Co., 1899.

sowie von den bereits erzielten Ergebnissen machen.

Aber jetzt, wo das Werk des Friedens in den Händen einer zwischenstaatlichen Konferenz in Den Haag liegt, die mit den Befugnissen ausgestattet ist, die gefassten Beschlüsse zu verwirklichen, ist es nicht mehr angebracht, Theorien über die abstrakte Idee des Weltfriedens aufzustellen: jetzt sind alle, die mit der großen Sache sympathisieren, und besonders diejenigen, die sich in unmittelbarer Nähe der Konferenz befinden, gezwungen, ihr ganzes Interesse darauf zu konzentrieren. Und so schließe ich diese Zeilen mit einigen Gedanken, die, ganz abgesehen vom "Standpunkt der Frau", den Titel tragen könnten: "Der Weltfrieden und die Konferenz in Den Haag".

Es scheint mir, dass bei der Kritik und Diskussion dieses einmaligen Phänomens, dieses noch nie dagewesenen historischen Ereignisses, die Bedeutung der Tatsache, dass eine solche Konferenz tagt, zu sehr in

Vergessenheit gerät. Man verliert sich entweder in der Frage: "Was wird besprochen?" und unterzieht jeden Programmpunkt einer minutiösen technischen Kritik, oder man fragt nach: "Was wird das Ergebnis sein?" und schwelgt in mehr oder weniger hoffnungsvollen oder mehr oder weniger skeptischen Vermutungen und Prophezeiungen. Man vergisst dabei die überwältigende Tatsache, dass eine solche Konferenz von einem Autokraten in unserer ultramilitärischen Zeit einberufen wurde und an der alle Staaten teilnehmen.

Abgesehen von all dem, was durch Reden, Vorschläge und Resolutionen erreicht werden wird, müssen die Bedeutung und die Wirkung des Ereignisses selbst von größtem Einfluss sein, und die erste offizielle Friedenskonferenz erscheint wie ein Wunder in der Weltgeschichte.

Unter den vielen Argumenten, die von Skeptikern gegen die Friedensbewegung vorgebracht wurden, war das stärkste früher das folgende: "Was nützen die privaten Anstrengungen?" Die Herrscher werden niemals zustimmen, den Militarismus einzuschränken, der die Stütze des Throns ist, oder den Krieg abzuschaffen, der die Daseinsberechtigung des Militarismus ist. Das autokratische Russland selbst stellte die größte Kriegsgefahr dar. "Versuchen Sie doch einmal", lautete die höhnische Bemerkung, "den Zaren auf die Liste Ihrer Gesellschaften zu setzen; dann könnten Sie sprechen!" Nun steht der Zar an der Spitze aller Friedensbewegungen, aber die Gegner setzen den Umstand beiseite, dass das offensichtlichste ihrer zehn gewöhnlichen Argumente widerlegt wurde, und wenden die übrigen neun unverdrossen gegen den Zaren selbst an.

Die Menschen vergessen nicht nur, die Größe eines solchen Ereignisses wie das Zusammentreten einer Regierungskonferenz zu beachten, sondern sie vergessen auch, wenn sie über die zur Diskussion stehenden Themen sprechen, ihre Augen für die Bedeutung dieser Themen zu öffnen. Sie wissen, worum es geht, aber sie erkennen es nicht. Wie ein Musikunkundiger vor einer Symphonie von Beethoven, wie ein dreijähriges Kind vor einem Bild von Raffael, so stehen die Menschen vor der Chronik der Konferenz. Sie hören und sehen, aber die Ehrfurcht des Begreifens durchströmt sie nicht. "Weltfrieden!" Wie wenige können die Harmonie und die Herrlichkeit begreifen, die in diesen Worten liegen. Wie wenige denken bei der Erörterung der Probleme, die vor der Konferenz liegen, daran, was wirklich auf dem Spiel steht: das Glück oder der Untergang von ihnen selbst und ihren Kindern! Denn dass das Regime der internationalen Gerechtigkeit der zivilisierten Welt eine ungeahnte Fülle von moralischen und materiellen Vorteilen bescheren würde, und dass andererseits die fortgesetzte militärische Aufrüstung und der eventuelle Einsatz der immer tödlicheren Kriegswaffen zu Verderben und Vernichtung führen müssen, kann niemand leugnen. Es ist also nichts weniger als unser höchstes Glück oder unser tiefstes Elend, das im Huis ten Bosch zur Debatte steht. Aber die Welt tut so, als ob es sich um eine Frage von Zöllen oder Gewichten und Maßen handelte; viele rühmen sich, "gleichgültig gegenüber der Sache zu sein". Sie glauben, damit ihre Überlegenheit zu beweisen, und zeigen nur, dass sie nicht verstehen. Nicht nur außerhalb, sondern auch innerhalb der Konferenz gibt es eine verständnislose Mehrheit. Sowohl unter den Delegierten als auch unter den Regierungen, die sie entsandt haben, stehen die meisten der Idee des Weltfriedens ebenso gleichgültig, in einigen Fällen sogar feindselig und im Allgemeinen ebenso unintelligent gegenüber wie die breite Öffentlichkeit. Aber das spielt keine Rolle: es bleibt die Tatsache, dass jetzt ein internationales Parlament im Namen dieser Idee versammelt ist; der Geist, der dieser Idee innewohnt und sowohl den Urheber als auch einen Teil der Delegierten inspiriert, wird seine Macht auf die Gleichgültigen, die

Feindlichen und die Unverständigen aus-
üben und die Welt durchdringen.

Die wahre Bedeutung der Konferenz ist in
den folgenden Worten enthalten, die der
Präsident, von Staal, bei der Eröffnung der
ersten Sitzung an die Delegierten richtete

"Die wirksamsten Mittel zu suchen, um
allen Völkern die Vorteile eines wirklichen
und dauerhaften Friedens zu sichern, das ist
das Hauptziel unserer Beratungen gemäß
dem Text des Rundschreibens vom 24.
August.

Der Name "Friedenskonferenz", den der
Instinkt der Nationen in Vorwegnahme der
Entschließung der Regierungen unserer
Versammlung gegeben hat, beschreibt gut
den Hauptzweck unserer Arbeit; die
Friedenskonferenz darf dem ihr gestellten
Auftrag nicht untreu werden; sie muss aus
diesen Beratungen ein greifbares Ergebnis
hervorbringen, das von der ganzen
Menschheit mit Vertrauen erwartet wird."

Die ganze Menschheit? Noch nicht. Ein
großer Teil, derjenige, der noch an der

tausendjährigen Institution des Krieges
festhält, sei es aus persönlichem Interesse
oder aus der Kraft vermittelter Vorurteile,
hofft, dass die Konferenz kein kriegs-
gefährdendes Ergebnis bringen wird; ein
noch größerer Teil, die dumpfe Masse, erwartet gar nichts. Diejenigen aber, die wirklich Vertrauen in den Fortschritt der Kultur
haben, die in Übereinstimmung mit dem
Urheber der Konferenz und seinen treuen
Mitarbeitern von der Notwendigkeit über-
zeugt sind, dass das gegenwärtige verderb-
liche System einem anderen Platz machen
muss, diese letzteren werden diese Worte
des Präsidenten der Konferenz zur Kenntnis
nehmen; und im Falle einer Enttäuschung,
im Falle die Konferenz ihrer Mission untreu
würde, würden sie die Forderung nach Erfüllung so laut und unaufhörlich erheben,
dass schließlich die ganze Menschheit von
ihr mitgerissen würde.

Aber eine solche Enttäuschung wird es
nicht geben. Das kann man kühn voraus-
sagen. Die Vorschläge, die der Ver-

sammlung bereits vorgelegt wurden, bürgen für die Ernsthaftigkeit und Aufrichtigkeit des begonnenen Werkes. Sie sind ein Beweis dafür, dass der folgende Satz aus Staals Rede keine bloße Phrase ist, sondern der Ausdruck einer edlen Entschlossenheit:

"Die Diplomatie, die einem universellen Gesetz folgt, ist nicht mehr eine Kunst, in der persönliches Geschick die Hauptrolle spielt, sondern strebt danach, eine Wissenschaft zu werden, die feste Regeln für die Beilegung internationaler Konflikte besitzen muss. Das ist heute das ideale Ziel, das sie vor Augen haben muss, und es wird zweifellos ein großer Fortschritt sein, wenn es der Diplomatie gelingt, auf dieser Konferenz einige dieser Regeln festzulegen. Wir werden uns insbesondere auch bemühen, die Praxis der Schiedsgerichtsbarkeit und der Mediation zu kodifizieren. Diese Ideen bilden sozusagen den Kern unserer Aufgabe, das Hauptziel unserer Bemühungen: 'Konflikte mit friedlichen Mitteln zu verhindern'".

Diese Worte sind ein getreues Echo der Anweisungen, die der Zar seinem Botschafter gegeben hat. Und es wurde bereits viel in der angegebenen Richtung getan. Es ist klar, dass andere Mächte mit ebenso weitreichenden, wenn nicht noch weiter reichenden Plänen zur Konferenz gekommen waren, und das Thema "Internationaler Ständiger Schiedsgerichtshof" - dieser kühnste Traum der Utopisten - wurde bereits diskutiert und sogar in vielen Punkten einstimmig angenommen.

Die Vorschläge der Vertreter Russlands, Englands, Italiens und der Vereinigten Staaten sind aus den Zeitungen bekannt. Bei den Gegnern der Friedensbewegung, die in letzter Zeit mit besonderer Genugtuung darauf hingewiesen haben, dass Amerika, die Hochburg der Friedensbemühungen, neuerdings militärische Wege beschreitet, muss der von der amerikanischen Regierung übermittelte Plan bemerkenswerte Verblüffung hervorgerufen haben. Mit diesen Vorschlägen, mit dieser energischen und offenen Teilnahme am Friedenswerk wird der Amerikaner wieder jene Stellung in der Geschichte der Zivilisation einnehmen, die ihm die Friedensfreunde in der ganzen Welt immer zuerkannt haben: die des Pioniers des Friedens und der Freiheit.

Die Konferenz wird ein greifbares Ergebnis hervorbringen, etwas neu Geschaffenes, Konstituiertes, Dauerhaftes, das weiterentwickelt und ausgebaut werden kann. Und neben diesem direkten Ergebnis, wie viele indirekte Ergebnisse gibt es? Die ganze Welt muss sich nun an der Frage beteiligen, und die verschiedenen Zweige des sozialen Organismus, die Kirche, die Kunst, die Literatur, die Presse, werden in den Dienst der Propaganda gestellt. Begabte Männer wie Stead und Bloch, die sich jetzt in Den Haag aufhalten, haben die Möglichkeit, ein Feld zu finden, das ihrer Arbeit würdig ist. Stead hat eine holländische Tageszeitung dazu gebracht, einen Artikel über "Krieg gegen Krieg" zu veröffentlichen, der für die Konferenz die gleiche Rolle spielt wie die

Wochenzeitung für die Engländer, "Crusade of Peace". Bloch hält Vorträge, illustriert durch Ansichten, und bietet ein Resümee des großen sechsbändigen Werkes, in dem er, gestützt auf Daten und Fakten, beweist, dass der Krieg der Zukunft eine technische Unmöglichkeit, eine "Utopie" ist. Auch wenn die Öffentlichkeit die wunderbare Bedeutung der Konferenz nicht verstanden hat, so ist sie vielleicht in der Lage, die Bedeutung der positiven Ergebnisse zu erkennen. Fakten und Erfolge sind immer stärker als die glorreichsten Theorien, auch wenn sie noch so unwiderlegbar sind. Und die positiven Ergebnisse werden verschiedener Art sein. Das eine bringt das andere mit sich. Die Frage der Neutralisierung der Staaten, die Frage der Koalition der Neutralen und schließlich die Frage der Abrüstung, obwohl die beiden ersteren nicht auf dem Programm stehen und die letztere vorübergehend beiseite gelegt zu sein scheint, werden in den Vordergrund treten. Die Abrüstung und die Eindämmung der militärischen Ausrüstung waren die Hauptmotive des Manifests des Zaren. Den Ruin und das Unglück abzuwenden, das der "bewaffnete Frieden" über die Völker bringt, wurde als Ziel genannt, für das Abhilfe geschaffen werden sollte. Wenn diese Mittel - internationale Gerechtigkeit usw. - einmal gefunden sind, kann das Ziel nicht mehr umgangen werden. Ich glaube, daß der Beschluß der Konferenz zur Frage der Abrüstung eine aufsehenerregende Entschließung oder zumindest eine Grundsatzerklärung enthalten wird, die in Zukunft verbindlich sein wird. Man braucht nicht zu befürchten, verwechselt zu werden, wenn man angenehme Überraschungen prophezeit.

Wahrlich, ich wage zu behaupten, dass der Weg vom ersten der letzten acht Friedenskongresse im Jahre 1889 bis zum Haager Kongress im Jahre 1899 viel länger und schwieriger war als der Weg von dieser Konferenz bis zur vollständigen Verwirklichung ihrer Ziele, d. h. bis zur grundsätzlichen Abschaffung der Institution des Krieges. Mitten in unsere Bemühungen um den Weltfrieden schlug die Initiative des Zaren wie eine Bombe ein; aber jetzt, selbst wenn es in naher Zukunft wäre, würde der Beginn eines rechtlich garantierten Friedens den Urteilsfähigen nicht mehr als eine Überraschung, sondern als eine Erfüllung erscheinen.

Bertha von Suttner.

Den Haag, Juni 1899.